ENFRENTAR AS INIMIZADES
CONSERVAR A PAZ

ENFRENTAR AS INIMIZADES CONSERVAR A PAZ

PE. CLEITON SILVA

Meditação e oração para os tempos de adversidade

Dados Internacionais de Catalogação na Publicação (CIP)
Angélica Ilacqua CRB-8/7057

Silva, Cleiton
Enfrentar as inimizades, conservar a paz : meditação e oração para os tempos de adversidade / Pe. Cleiton Silva. - São Paulo : Paulinas, 2022.
88 p. (Coleção Céu na terra)

Bibliografia
ISBN 978-65-5808-177-7

1. Vida cristã 2. Harmonia 3. Orações 4. Inimizade – Aspectos religiosos I. Título II. Série

22-2763   CDD 248.2

Índice para catálogo sistemático:

1. Vida cristã

1ª edição – 2022

Direção-geral:	*Ágda França*
Editora responsável:	*Marina Mendonça*
Copidesque:	*Mônica Elaine G. S. da Costa*
Revisão:	*Sandra Sinzato*
Gerente de produção:	*Felicio Calegaro Neto*
Capa e diagramação:	*Tiago Filu*

Nenhuma parte desta obra poderá ser reproduzida ou transmitida por qualquer forma e/ou quaisquer meios (eletrônico ou mecânico, incluindo fotocópia e gravação) ou arquivada em qualquer sistema ou banco de dados sem permissão escrita da Editora. Direitos reservados.

Paulinas
Rua Dona Inácia Uchoa, 62
04110-020 – São Paulo – SP (Brasil)
Tel.: (11) 2125-3500
http://www.paulinas.com.br – editora@paulinas.com.br
Telemarketing e SAC: 0800-7010081
© Pia Sociedade Filhas de São Paulo – São Paulo, 2022

Dá-me, pois, agora, sabedoria e inteligência
para que eu possa conduzir este povo.
2Crônicas 1,10

O homem prudente é lento para a ira;
e se honra em ignorar uma ofensa.
Provérbios 19,11

Hoje, nos fará bem pensar em um inimigo
– creio que todos nós temos um –,
alguém que nos fez mal ou que nos quer fazer mal
ou tenta nos prejudicar: pense nesta pessoa.
A oração mafiosa é: "Você me paga".
A oração cristã é: "Senhor, dê-lhe a sua bênção
e ensine-me a amá-lo". Pensemos em um inimigo:
todos temos um. Pensemos nele. Rezemos por ele.
Peçamos ao Senhor a graça de amá-lo.
Papa Francisco, 19/06/2018

Aos amigos, com *amor*.
Aos inimigos, com *esperança*.

Sumário

Capítulo I
Todos temos inimizades 15

Capítulo II
Algumas inimizades na Bíblia..............................19

Capítulo III
Inimizade injusta e oração 23

Capítulo IV
Amor pelo inimigo antes de Cristo:
o caso de Davi e Saul...29

Capítulo V
Oração: a maior arma contra o inimigo 33

Capítulo VI
O Evangelho e a inimizade desmascarada............39

Capítulo VII
Amor aos inimigos: medida alta da vida cristã 41

Capítulo VIII
Jesus e seus inimigos 45

Capítulo IX
Oração pelos inimigos: da ilusão à esperança 51

Capítulo X
Oração pelos inimigos: o terço 53

Capítulo XI
Uma novena para os tempos de adversidade 57

Capítulo I
Todos temos inimizades

A inimizade existe. Pode durar um período ou uma vida. Quanto mais jovens, menos pensamos nisso, mas o ganho dos anos nos mostra que não fomos bons com algumas pessoas. Algumas inimizades, nós as criamos. Também percebemos que alguns inimigos aparecem de graça...

Ter inimigos não é novidade do nosso tempo, ao contrário, parece uma constante na história do homem. Se até as pessoas mais iluminadas e cheias de bondade tiveram inimigos – até Jesus teve inimigos! –, como nós conseguiríamos fugir disso?!

Não imagine o inimigo como aquele que trama nossa morte ou tenta destruir nossa vida, ou que nos odeia em grau máximo. Desses talvez tenhamos um ou outro. Mas inimigo é, antes de tudo, *alguém que se opõe a nós, alguém que pertence a um grupo que não é o nosso!*[1] Observando esse sentido mais amplo, fica fácil entender como temos inimigos e como podem ser numerosos:

- Pode haver inimizade entre a sogra que não aceita a nora;
- Pode haver inimizade entre a nora que não gosta da sogra;
- Podem ser inimigos os candidatos que disputam uma mesma vaga de emprego ou promoção;
- Pode ser inimigo aquele que prejudicou seu colega de trabalho;
- Também pode ser inimigo aquele que lhe deu uma fechada na estrada!

Há muitas manifestações de inimizade! A inimizade pode nascer da nossa vaidade, do nosso orgulho em nos mostrar superiores que os outros. A inimizade também pode nascer da inveja, quando o outro se sente infeliz e diminuído com nossas conquistas.

---

[1] Há muitas formas de entender a palavra "inimigo"; vale a pena uma consulta rápida no *Dicionário Houaiss da língua portuguesa*. São Paulo: Objetiva, 2009, p. 1.085.

A lógica da inimizade parece não ter muito sentido. Vemos grandes inimizades nascerem de pequenas ofensas, de palavras mal colocadas ou de gestos pouco ternos. Como também encontramos pessoas que, diante de uma grande ofensa ou mal recebido, souberam perdoar e prosseguir sua vida com serenidade.

Você tem inimigos? Consegue identificar quem são eles? Sabe explicar como a inimizade começou?

Capítulo II
Algumas inimizades na Bíblia

Por incrível que pareça – acredite! –, muitas pessoas importantes na Bíblia também tiveram inimigos. Da maior à menor inimizade, muitas experimentaram a indiferença, a hostilidade e mesmo o ódio. A inimizade é uma marca da história humana, é marca do pecado, é marca da nossa história de fechamento ao amor...

Em muitos casos, a inimizade na Bíblia é apresentada como fruto da inveja. A inveja é um pecado que encabeça outros pecados, por isso é chamada de pecado capital[1] e se manifesta como tristeza pelo bem na vida do outro, ou como alegria quando o outro se dá mal.

---

[1] Para conhecer mais os pecados capitais e sua descrição, recomendo a leitura do meu livro *Coração inquieto*: zaps a Lucílio, Tibúrcio e Eugênia. São Paulo: Paulinas, 2018, p. 59-84.

Conforme a Bíblia nos relata, a primeira manifestação de inimizade aconteceu entre os irmãos Caim e Abel (cf. Gênesis 4,1-6). A inimizade não respeita nem os laços de sangue! A inveja de Caim, porque Iahweh se agradou da oferta de seu irmão Abel, o deixou "muito irritado e com o rosto abatido". A inveja destilou nele o veneno da amargura e encabeçou outros males, até chegar ao homicídio.

Também encontramos inimizade entre a senhora e a serva: Sara e Agar (cf. Gênesis 16,1-7). Aqui a inimizade nasceu porque Sara e Abrão não souberam confiar nas promessas de Deus. Quando tudo, conforme a opinião deles, parecia perdido, eles se desesperaram e não foram fiéis à promessa de Deus. Resolveram fazer do jeito deles... Meteram os pés pelas mãos e bagunçaram as relações entre eles. Muitas inimizades nascem também da nossa incredulidade. Queremos resolver as coisas do nosso jeito e criamos situações que fogem do nosso controle.

Aparecem outras inimizades entre irmãos: entre Jacó e Esaú (cf. Gênesis 27–29) e entre José e seus irmãos (cf. Gênesis 37,2-36). Este último caso é uma mistura de inveja por parte dos irmãos mais velhos de José, que se sentiam enciumados por causa dos apegos do pai em relação ao caçula, e da falta de bom senso do caçula, ao narrar alguns sonhos em que ele era reverenciado por todos da família.

A inveja é algo que merece consideração de nossa parte. Em primeiro lugar, deveríamos recuperar aquela capacidade de sermos mais reservados. Hoje, mal recebemos uma boa notícia e queremos logo divulgá-la, e o fazemos sem pensar se isso provocará nos outros algum ciúme ou inveja. Em segundo lugar, é bom cultivar sempre em nós mesmos a alegria por ver os outros bem. Esse é o melhor antídoto para nós mesmos não sermos pegos pela inveja.

Já experimentou os efeitos da inveja em sua vida? Alguém já tentou prejudicar você por inveja? Já sentiu inveja de alguém?

Capítulo III
Inimizade injusta e oração

Entenda bem: nenhuma inimizade é justa! Em toda inimizade desprezamos o desígnio de Deus, que nos chama à fraternidade por ser ele mesmo nosso Pai. Por isso, toda inimizade tem algo de injusto. Mas vimos também que podemos provocar alguma inimizade com nossa imprudência ou vaidade. Contudo, há casos em que fizemos o bem, mas recebemos o mal. É doloroso isso, não é mesmo? Essa foi a experiência de muitos profetas.

Essa forma de inimizade é experimentada como perseguição. O perseguido faz o bem; tem reta intenção e é fiel a Deus, mas sua conduta desperta ódio naqueles que fazem o mal (ou são indiferentes!) e desrespeitam a vontade de Deus.

A oração dos salmistas

O Salmo 31(30) é um exemplo típico da oração de alguém perseguido. Alguns de seus versículos podem nos ilustrar ou recordar essa experiência! Em vários momentos ele manifesta sua confiança em Deus, seu rochedo, porém, ao descrever sua perseguição, podemos ter uma ideia da maldade que ele sofre: "[...] Tira-me da rede estendida contra mim... a dor me consome os olhos, a garganta e as entranhas. [...] Ouço as calúnias de muitos, o terror me envolve! Eles conspiram juntos contra mim, projetando tirar-me a vida".

Há momentos interessantes em que a dor do perseguido é tão intensa que ele ora a Deus e faz alguns pedidos – para nós, cristãos – muito esquisitos.

No Salmo 10,15, o salmista pede a Deus que "quebre o braço do inimigo e do mau!". O salmista mesmo não faz nada, mas faz esse pedido a Deus. O que de fato ele está pedindo? Uma fratura no corpo do seu inimigo? Ou que seu inimigo não tenha mais condições para lhe fazer mal? Talvez neste Salmo tentemos ver a segunda hipótese como mais adequada, ou podemos dizer que o salmista começa pedindo uma fratura mesmo, mas depois se abre a um pedido mais exato: que o inimigo não tenha mais como lhe fazer mal.

Um pedido mais pesado e que torna difícil fazer uma interpretação mais branda está no Salmo 137(136),8-9. O contexto é a humilhação dos hebreus exilados na Babilônia. Além de serem tirados de sua terra, seus opressores ainda querem que eles cantem suas músicas festivas em terra estrangeira. É um deboche! O salmista conclui com este pedido: "Ó devastadora filha de Babel, feliz quem devolver a ti o mal que nos fizeste! Feliz quem agarrar e esmagar teus nenês contra a rocha!".

Para nós, cristãos, é um pedido assustador... Mas há certa sabedoria nessa forma de rezar: é melhor dizer a Deus o que está no coração, desabafando, do que calar-se e acabar explodindo com alguma forma de violência. Quando rezamos, e com sinceridade, confrontamos nossos sentimentos diante de Deus, é sempre mais fácil controlar o ímpeto de violência. O salmista não tem constrangimento de pedir, mas não ousa ele mesmo fazer mal nenhum contra seus inimigos.

A oração dos profetas

Nos profetas, temos ocasião para meditar muito sobre a inimizade daqueles que devolvem o mal a quem lhes fez o bem. Os profetas têm consciência da sua fidelidade a Deus, de que não fizeram o mal, mas o recebem como retribuição pelo seu ministério.

Todos os profetas sofrem. Todos os profetas são incompreendidos. Todos os profetas são perseguidos. Semelhante ao salmista, também encontramos Jeremias fazendo um longo desabafo (cf. Jeremias 18,19-23) ao Senhor. Podemos destacar algumas súplicas que Jeremias faz: "Atende-me, Iahweh, e escuta o grito de meus adversários. Acaso se retribui o bem com o mal? [...] Lembra-te que eu estava diante de ti para falar bem em favor deles e para afastar a tua cólera. Por isso, entrega seus filhos à fome e entrega-os ao fio da espada! [...] Não perdoes a sua falta, não apagues seu pecado de diante de ti. Que eles sejam derrubados diante de ti; no tempo de tua ira, age contra eles!".

Novamente podemos ressaltar o caráter purificador dessas preces. Jeremias parece pedir que Deus lhes retribua o mal que tramam e fazem contra ele. Com esses pedidos fortes, com ar de vingança, o profeta pode vomitar seu mal-estar. Sem a oração, pode-se deixar que as ofensas recebidas se transformem em rancor e proliferem.

É bom perceber: semelhantemente ao salmista, o profeta não tem medo de pedir aquilo que lhe vem ao coração, à emoção do momento. Certamente, a oração o reconduzirá a si mesmo e à sua vocação.

Nessa oração, os pedidos do profeta parecem sinalizar que tudo acabou, que ele prefere que o povo pereça no seu pecado... Entretanto, seu desabafo é somente um momento de reorganização; sua oração lhe devolve a certeza de que sua vida não está nas mãos dos seus inimigos, mas de Deus.

Assim, a oração que parecia indicar o fim de uma vocação é o novo ponto de partida. Essa oração aparece no capítulo 18, mas o profeta continuará seu ministério. Não deixará de fazer o bem! Não deixará de profetizar a seu povo!

Capítulo IV
Amor pelo inimigo antes de Cristo: o caso de Davi e Saul

Antes que a luz de Cristo despontasse na face da Terra, alguns raios de sua luz certamente já iluminavam a humanidade. O ser humano existe para Cristo, e assim compreendemos como muitos, sem conhecê-lo com os detalhes de nossa catequese, podem realizar atos em conformidade com ele.

Temos um caso bastante exemplar desse amor ao inimigo em Davi, perseguido por Saul. A inimizade nasce por causa daquela falsa *amiga* já conhecida: *a inveja*. Deus tinha rejeitado Saul como rei e escolhera Davi.[1] Por causa disso, Saul atenta contra a vida de Davi várias vezes (cf. 1Samuel 19,8-17; 23,19-28; 26,1-25).

---

[1] Vale a pena a leitura de 1Samuel 16,1-13.

Perdoar uma tentativa de investida contra nós é uma coisa, mas como reagimos ao longo de várias investidas? Quem é capaz de reunir forças e perseverar no entendimento de que não nos cabe fazer justiça com as próprias mãos?

Houve um momento em que tudo ficou propício para que Davi colocasse fim à vida de seu inimigo. Saul, acompanhado de três mil soldados, está perseguindo Davi. No final do dia, Saul dorme entre seus soldados, que dormem também! Davi e Abisaí, então, conseguem entrar no acampamento, chegar aonde o rei repousava e se colocar diante da sua cabeceira. Abisaí diz a Davi: "Deus entregou hoje o teu inimigo nas tuas mãos. Permite que eu o encrave no chão, de um só golpe, com a sua própria lança: não será necessário um segundo golpe!" (cf. 1Samuel 26,8).

Que tentação! Que alívio pensar que nós mesmos podemos nos livrar de nossos inimigos... Quantos não desejariam ter uma oportunidade como essa, talvez não de matar, mas de eliminar, fazer sumir aqueles que nos perturbam. Entretanto, Davi prefere que seja Deus a libertá-lo da perseguição. Davi não se salva, prefere ser salvo pelo Senhor: "Pela vida de

Iahweh, Iahweh mesmo o ferirá, quando chegar a sua hora e ele morrerá" (cf. 1Samuel 26,10).

Davi apenas recolhe a lança de Saul, sai para uma distância de segurança e acorda todo o acampamento, mostrando que ele não era inimigo, porque, mesmo quando teve a possibilidade, não quis a morte do rei. Além do mais, aqueles que deveriam cuidar da vida do rei foram negligentes. Ao mostrar a lança, Davi causa comoção geral e desperta arrependimento em Saul, que o leva a chamar Davi de "meu filho" (cf. 1Samuel 26,17.25) e a reconhecer que pecou (v. 21).

Não se trata neste momento de tornar romântico o desfecho da história, porque a inimizade permanecerá e o próprio Davi decide refugiar-se longe de Saul (cf. 1Samuel 27,1ss). Contudo, o que devemos conservar conosco é o ensinamento de Davi: não cabe a ninguém se salvar usando violência ou vingança. Somente Deus é o Salvador.

Capítulo V
Oração: a melhor arma contra o inimigo

A oração e o amor ao inimigo não proíbem de colocar-se em luta. O inimigo não pode ser vencido. Entretanto, a pessoa de fé não pode recorrer às armas convencionais da vingança ou da violência; isso significaria não ter Deus como seu Senhor e Salvador.

O que resta à pessoa de fé para enfrentar seu inimigo? Sua arma é a oração. Não é apenas a única, mas, diante de quaisquer possibilidades, a oração é a melhor de todas as armas.

O livro de Ester conta um momento da vida do povo de Deus no exílio. Os judeus estavam entre os persas na condição de exilados e, por causa de seus costumes e tradições muito particulares ligados a sua fé, despertavam a intolerância e o ódio dos outros povos.

Resumidamente, depois de o rei Assuero desencantar-se com a rainha Vasti, ele buscou entre as moças mais bonitas que viviam no reino uma substituta para a rainha. Mardoqueu, judeu exilado, apresentou-lhe sua prima Hadassa – que será chamada Ester – e, entre todas as mais belas virgens que ali viviam, foi quem agradou o rei e tornou-se rainha.

O ódio aos judeus se acirrou quando Mardoqueu resistiu a manifestar a Amã gestos de reverência (cf. Ester 3,1-5). Tudo ia bem até que Amã, primeiro-ministro do rei e inimigo dos judeus, resolveu eliminar todos os judeus do reino (cf. Ester 3,7-15).

Mardoqueu recorre, então, à rainha Ester para que interceda junto ao rei. Nesse momento, parece que a rainha sofre a tentação da indiferença à ameaça do seu povo. Menciona não ser chamada à presença do rei havia tempo, o que lhe impossibilitava de apresentar-se a ele por iniciativa própria, sem colocar em risco a própria vida (cf. Ester 4,1-16).

A resposta de Mardoqueu à rainha é o melhor alerta para sairmos de qualquer situação de indiferença ou comodismo diante dos problemas que abalam os outros, quando temos possibilidade ou responsabilidade de intervir para socorrê-los. Mardoqueu lhe diz para não supor que não seria atingida pelos mesmos males apenas porque vivia na corte do rei. Afirma ainda que Deus salvará seu povo e fará essa salvação surgir de qualquer outro lugar. E ele acrescenta: "Não teria sido justamente para esse momento que Deus te colocou onde estás?" (cf. Ester 4,14).

Sendo assim, a rainha sabiamente intervém em favor do povo e consegue poupar-lhe a vida. Entretanto, vale a pena refletir sobre alguns pontos da oração de Mardoqueu (Ester 4,17a-17i) e da oração da rainha Ester (Ester 4,17j-17y); ambas servirão muito para qualificar melhor nossa própria oração diante da perseguição dos inimigos.

Conforme o texto, Mardoqueu se retirou. Isso literalmente se refere ao fato de ele afastar-se da rainha e ir tomar providências, porém pode indicar também que não há oração possível quando não conseguimos nos retirar da situação que nos oprime. Muitas vezes já experimentamos que, ao visitar uma igreja diferente, ao caminharmos em um parque ou simplesmente quando estamos em um lugar diferente, nossos pensamentos se libertam e começamos a pensar em alternativas que ainda não tínhamos imaginado. Para que a oração tenha frutos, precisamos aprender a nos retirar, a trocar de ambiente.

A oração de Mardoqueu se alimenta de sua lembrança: Deus já havia feito grandes obras pelo seu povo e ele sabe que tudo está sob o poder de Deus. Nas nossas orações, como é bom recordar tudo o que Deus já fez por nós! O desafio é novo, mas é o mesmo Deus que nos acompanha. O problema novo assusta, mas Deus é Senhor de tudo.

Na oração, Mardoqueu volta às fontes do seu conflito com Amã. Esse é um ponto interessante. Ele faz como um exame de consciência: não foi por arrogância, nem por orgulho, nem por vaidade... Podemos nos perguntar: como começou essa inimizade? Há algo da parte dele que precisaria ser corrigido? E se nós, em nossa oração, percebermos que fizemos algo para despertar essa inimizade, teremos coragem de tentar reparar o mal que cometemos?

Ele conclui sua oração com um pedido emocionante. Não faz rodeios e diz: "Poupa o teu povo!". Podemos sintetizar nessa oração pelos inimigos três pontos importantes: a memória de que Deus age em favor de seu povo, sua consciência sobre como a inimizade surgiu e seu pedido claro de socorro.

A oração da rainha Ester tem alguns elementos semelhantes à de Mardoqueu; porém, como cabia a ela enfrentar o "leão", sua oração é ainda mais pulsante. Diz o texto que ela procurava refúgio no Senhor e que duas vezes repete que "está só" e não tem outra proteção além de Deus (cf. Ester 4,17k.17s): Deus é sua única proteção. Todos os gestos e atitudes que ela deverá realizar não são para se proteger ou se salvar, mas para se colocar sob a proteção de Deus. Ela não se salva nem salva seu povo. É Deus quem os salva.

Diante do desafio de enfrentar o perigo, a rainha insiste que Deus lhe dê coragem (Ester 4,17q) e que a liberte do medo (Ester 4,17y). A intuição da rainha é importante quando pensamos que toda inimizade nasce de alguma prisão.

Em Jesus, veremos que somente a liberdade pode superar a inimizade. Os homens livres não odeiam. O ódio e a inimizade são traços daqueles que estão presos ao passado, às mágoas por causa da sua soberba ferida e dos rancores.

Capítulo VI
O Evangelho e a inimizade desmascarada

Por que a inimizade faz parte da história da humanidade? Por que a inimizade faz parte da nossa história pessoal? Estas perguntas certamente merecem muita atenção e já receberam muitas respostas no âmbito da psicologia ou mesmo da sociologia. Entretanto, o Evangelho nos permite ver a inimizade como consequência do mistério do mal, do mistério do pecado.

Atrás de toda inimizade está sempre a distância do ser humano em relação a Deus. Quando alguém volta as costas para Deus e dele se afasta, sua inteligência se ilude, sua vontade se torna volúvel, e assim todas as relações humanas estão ameaçadas.

Isso é tão verdadeiro que, mesmo em uma relação de amor entre pai e filho ou entre esposo e esposa, quando pelo menos um não se empenha em buscar a Deus, a verdade ou o bem, pouco a pouco a relação vai perdendo vigor. Vem, então, a indiferença, a incompreensão, a discórdia e, às vezes, o fim.

Quando a pessoa tem Deus como o eixo em torno do qual faz sua vida girar, tudo encontra harmonia e ordem. Caso contrário, tudo vira bagunça e até as coisas mais valiosas se perdem.

A parábola do joio (cf. Mateus 13,24-20.36-43) aponta para essa experiência de espanto: "Senhor, não semeaste boa semente no teu campo? Como está cheio de joio?". Tudo era para ir bem, em harmonia. Além disso, quando esse mal aparece, tudo foge do nosso controle. A parábola diz que o joio foi semeado enquanto todos dormiam, indicando que se trata de algo que escapa à consciência humana.

Todos queremos paz. Por que colocamos nossa paz a perder? Desde os primeiros personagens da Bíblia, recorde-se de Caim e Abel, até os dias de hoje vivemos essa experiência amarga da inimizade.

Capítulo VII
Amor aos inimigos: medida alta da vida cristã

Enquanto foi possível observar que algumas pessoas do Antigo Testamento souberam superar todos os motivos para odiar seus inimigos, como José e Davi, no Novo Testamento o amor ao inimigo não é um toque a mais, um elemento supérfluo e embelezador. É, na verdade, um elemento essencial: não é possível dizer aos cristãos para não amar o inimigo.

O contexto do mandamento de amar os inimigos aparece no Evangelho de Mateus, no Sermão da Montanha (Mateus 5–8), e também em Lucas, no chamado Sermão da Planície (cf. Lucas 6,17-49). Estes textos apresentam a identidade da vida cristã e de seus valores fundamentais.

Jesus diz que é necessário ultrapassar a justiça, o modo de viver, dos escribas e fariseus, se quisermos entrar no Reino dos Céus (cf. Mateus 5,20). Somente entenderemos o que significa ultrapassar essa justiça avançando no texto em que Jesus repassa alguns dos mandamentos e lhes dá nova direção (cf. Mateus 21ss).

Como é impossível apresentar um comentário sobre o conjunto dessa passagem, pode-se dizer que os mandamentos são como um ponto de partida para a caminhada do povo de Deus. Representam o mínimo: não matar, não cometer adultério, não jurar falso, não cobrar mais que a medida. Diante de um povo que fugia da escravidão do Egito, acostumado com um sistema de violência e opressão, os dez mandamentos eram um primeiro passo em vista de uma convivência mais fraterna e justa. Trata-se de um começo...

O ponto de chegada não pode ser o mínimo, mas *o máximo* desenvolvimento da vida humana: o respeito, a pureza de olhar, a verdade da palavra dada e a generosidade.

Somente assim podemos compreender o mandamento de "amar os inimigos e rezar por aqueles que nos perseguem" (cf. Mateus 5,43). O amor aos inimigos rompe a lógica do toma lá, dá cá. A sabedoria de Jesus é imensa. Vivemos em um mundo marcado pela violência, por uma abundância de maldade e destruição. Não podemos deixar que essa bola de neve aumente cada vez mais.

É necessário quebrar o ciclo do mal e da violência. É neste ponto que se pode compreender com mais lucidez o mandamento de dar a outra face (cf. Lucas 6,29). Até o Antigo Testamento, o amor ao inimigo se limitava, ainda que heroicamente, a não retribuir o mal recebido. Jesus pede a seus discípulos dar um passo além: fazer o bem àqueles que nos fazem o mal, rezar por aqueles que nos perseguem. Isso consiste em dar a outra face.

A vida cristã supera a justiça daqueles que se apegavam à lei, porque não se limita a evitar o que está proibido ou a cumprir deveres de mínima convivência e cordialidade. A vida cristã oferece ao mundo uma medida mais elevada, porque se empenha em vencer o mal com o bem, não entra no embalo da música dos violentos.

Dar a outra face não tem nada a ver com permitir que o outro continue lhe fazendo mal. Nós cumprimos o mandamento de Jesus quando somos capazes de fazer o bem aos que nos ofenderam, mas não precisamos viver a tortura de permanecer dando chance para que nos ataquem.

Quando algumas pessoas se questionam se de fato vivem o Evangelho, porque evitam a proximidade com alguém que já lhes magoou, devem se lembrar de que dar a outra face significa empenhar-se em fazer o bem a quem nos ofendeu, o que não representa permitir que continue a lhe fazer mal.

Sobre a necessidade de tomar distância para não fazer mal um ao outro, vale a pena lembrar que houve um grande desentendimento entre Paulo e Barnabé sobre o prosseguimento da missão que até então ambos realizavam juntos. Como o desentendimento não foi resolvido, eles seguiram em direções diferentes para anunciar o Evangelho (cf. Atos dos Apóstolos 15,36ss). É melhor manter distância e conservar a caridade do que expor-se à tentação da discórdia.

Capítulo VIII
Jesus e seus inimigos

Jesus nos ensina uma grande lição de amor aos inimigos. Ele não apenas deixou um mandamento como também toda sua vida foi expressão de amor pelos inimigos. Por isso, antes que seu fôlego acabasse, ele foi capaz de lançar sobre eles uma palavra de perdão e de defesa: "Pai, perdoa-lhes, porque não sabem o que fazem!" (Lucas 23,34).

A sabedoria de Jesus é imensa: os que fazem o mal não sabem o que fazem. De que ignorância Jesus está falando? Não seria perigoso pensar assim e terminarmos não cobrando justiça no mundo? E o que sabem os que fazem o bem? É uma pergunta difícil de responder, se nos concentrarmos apenas no final da vida de Jesus. Se olharmos o conjunto de sua vida e o modo como ele sempre tratou seus inimigos, uma luz iluminará nossa reflexão.

Algumas pessoas se surpreendem com a paciência de Jesus com seus oponentes. Estão sempre por perto, escutam sua palavra, querem encontrar algo para atacá-lo, mas Jesus parece não se preocupar em resolver esse problema. Ele se empenha em viver sua missão, não esperando por condições favoráveis... Sua missão não parece ser corrigir as distorções de seus inimigos. Sua missão é anunciar a Palavra, e somente isso.

E é justamente dessa missão de anunciar a Palavra que Jesus colhe toda a paciência necessária para suportar seus inimigos. Ele é como "o homem que lançou a semente na terra" (cf. Marcos 4,26ss) e pôde dormir e acordar. Sabe que a semente tem força de se desenvolver; sabe que o tempo se encarregará de mostrar o que guarda a semente semeada...

Por causa disso, ele não se preocupa em separar os bons e os maus. Ele não precisa passar a limpo para ver quem está com ele ou contra ele. Com isso, ensina seus discípulos a ter tranquilidade na convivência com o joio (ver parábola do joio em Mateus

13,24-30): não cabe separar antes do tempo certo! Em nossa experiência comum, quantas vezes pioramos as coisas quando queremos separar o mundo entre bons e maus, não é mesmo?

Jesus também sabia como lidar com as armadilhas que lhe preparavam. E quanto dessas lições devemos nos esforçar por aprender! Delas, podemos destacar duas coisas fundamentais: a capacidade de fazer silêncio na hora certa e a capacidade de fazer perguntas mais profundas. Não precisamos de muitos exemplos para perceber como a palavra precipitada pode complicar as coisas (cf. Provérbios 17,28; Salmo 4,5; Tiago 3,2). Uma palavra impensada no momento errado fere tanto quanto uma pedra e pode trazer tantas consequências como um tiro.

Jesus ensina a fazer silêncio para que tenhamos tempo para pensar e qualificar nossa palavra. Não é prudente responder imediatamente às provocações. Quando levam a ele a mulher adúltera (cf. João 8,1-11) e tentam preparar-lhe uma armadilha, Jesus se refugia no silêncio. Seus inimigos lhe deram duas alternativas: apedrejar a mulher ou libertá-la. Concordar com o apedrejamento seria contradizer seu ensinamento sobre a verdade e a misericórdia. Proibir o apedrejamento seria opor-se à lei de Moisés. Ele não se precipita, não tenta esboçar uma resposta. Recolhe-se e, inclinando-se, começa a escrever no chão.

O silêncio de Jesus não apenas lhe permite organizar as ideias e orientar as emoções como também prepara na consciência dos seus interlocutores uma condição adequada de escuta. Eles esperam uma resposta e insistem para que essa resposta venha. E, quando vem, não conseguem resistir a sua palavra: "Quem dentre vós estiver sem pecado, seja o primeiro a lhe atirar uma pedra!". Dos mais velhos aos mais novos entre seus inimigos, todos vão embora.

A segunda lição é a capacidade de ir além das provocações, de fazer perguntas ainda mais profundas. Um exemplo disso é quando querem acusar Jesus de se opor ao pagamento de imposto ao governo vigente (cf. Marcos 12,13-17). Algumas questões precisam ser esclarecidas. A discussão acontece enquanto Jesus e os discípulos estão no Templo (cf. Marcos 11,27). Ao Templo era proibido levar qualquer ídolo, ou seja, alguma imagem falsa de um deus.

Seus inimigos, os fariseus e partidários de Herodes, aproveitam a oportunidade e lhe perguntam: "Mestre, sabemos que és verdadeiro e não dás preferência a ninguém, pois não consideras os homens pelas aparências, mas ensinas, de fato, o caminho de Deus. É lícito pagar imposto a César ou não? Pagamos ou não pagamos?".

Que responder em um momento como esse? Como sair das armadilhas que nossos inimigos armam contra nós? Jesus não se abala. Mostra estar consciente da armadilha: se concordasse com o imposto, seria conivente com um governo que se impôs pela força; se discordasse, estaria cometendo um crime político. Pede, então, que lhe tragam a moeda do imposto.

A pergunta de Jesus denuncia que a oposição contra ele é fruto da incoerência deles. Na moeda estava a imagem de César e a inscrição: Tibério César, filho do Divino Augusto. Eles carregavam dentro do Templo uma imagem de alguém que se fazia passar por deus.

A pergunta já não era sobre pagar ou não impostos a César, mas sobre a radicalidade da obediência a

Deus. Aqueles que acusavam Jesus viram-se dentro do Templo com sinais de idolatria. Jesus foi ao nó da questão e, por isso, eles foram embora, "muito admirados a respeito dele".

Sem silêncio não se pode preparar a palavra adequada, sem silêncio não se pode ir ao cerne da questão.

Capítulo IX
Oração pelos inimigos: da ilusão à esperança

A oração é um elemento constante na vida de Jesus Cristo. Seria desnecessário citar como a oração prepara, acompanha e coroa tudo o que ele faz. Seu modo de rezar possibilita que os discípulos lhe peçam também que os ensine a rezar (cf. Lucas 11,1-4). E o próprio Jesus nos pede que rezemos sempre, sem jamais desistir (cf. Lucas 18,1-8).

Assim, podemos compreender que a oração pelos inimigos não é uma questão de atividade piedosa, mas faz parte do ser, do existir de cada cristão. A oração não é feita para ter resultados, mas para manter vivo o diálogo constante e filial com o Pai.

Se compreendermos isso, tiraremos da oração pelos inimigos aquela expectativa que beira a ilusão de que, orando pelos inimigos, deixaremos de ter inimigos. A oração pelos inimigos não é uma ilusão, mas sim um cultivo da esperança.

A esperança sempre exige colocar-se a caminho, em movimento. A ilusão nos faria pensar no mundo dividido entre bons e maus, entre joio e trigo, e nos isentaria de avaliar a nós mesmos sobre o quanto podemos ser responsáveis pelas inimizades que surgem em nossa vida.

Orar pelo inimigo exige humildade. Talvez eu não seja cem por cento vítima. Talvez ele não seja cem por cento mau. Nas pessoas que fazem o mal, muitas vezes vemos pessoas feridas, que não souberam elaborar os dramas da própria vida.

Orar pelos inimigos é permitir conhecermos mais a nós mesmos, compreender de que modo temos vivido e o quanto podemos ter causado mal aos outros. Nesse sentido, descobrimos uma coisa essencial sobre a oração: não é apenas uma fonte de força para conseguirmos realizar o que imaginamos que devemos realizar.

Às vezes não sabemos. Pensamos que sabemos. A oração ilumina o entendimento, abre caminhos em nosso coração e pode nos chamar a mudar de rota, a nos converter.

Capítulo X
Oração pelos inimigos: o terço

Neste momento, apresentamos um simples roteiro do terço pelos inimigos, que sintetiza em forma de oração e meditação o percurso que fizemos. Ele deve seguir a estrutura comum do terço: a persignação em nome da Santíssima Trindade e concluir com a Salve-Rainha.

Os elementos diferentes que seguem são relacionados ao oferecimento: com suas palavras, oferecer este terço. Quais suas intenções? O que você espera desta oração? Qual fruto você espera colher em sua vida? Está rezando pelos inimigos em geral? Por algum específico? Está rezando pela reconciliação de outras pessoas?

1º Mistério
As inimizades no mundo

No primeiro mistério, contemplamos todas as formas de inimizade no mundo. Famílias divididas, casais em desentendimento, irmãos ofendidos... Olhamos para todas as relações mal vividas. Deus nos fez irmãos, mas insistimos em viver como se Deus não fosse Pai de todos. Neste mistério, pedimos a graça de oferecer o melhor de nós mesmos às pessoas com quem vivemos no dia a dia. Enquanto reza, pense: o que de melhor posso oferecer aos meus irmãos que convivem comigo?

2º Mistério
José, Davi e Jesus

Neste mistério, contemplamos o exemplo de José e Davi no Antigo Testamento e de Jesus, Nosso Senhor, no Novo Testamento, porque souberam resistir ao mal que sofreram. Não pagaram com a mesma moeda o mal que receberam. Neles, vemos a força da esperança: é Deus quem nos conduz nos momentos de aflição. Neste mistério, pedimos a graça de não retribuir o mal que nos fizeram. Enquanto reza, pense: tenho sido tentado, com pensamento de vingança, a devolver aos outros o mal que sofri?

3º Mistério
A soberba e a vaidade geram inimizades

Neste mistério, contemplamos como nossa soberba e vaidade podem despertar nos outros a inveja. Com frequência, sem nos darmos conta, gostamos de ostentar nossas capacidades e realizações, sem muita empatia com as dificuldades que os outros passam. Além disso, nem sempre sabemos conviver com as conquistas dos outros e caímos na inveja. Neste mistério, pedimos a graça da humildade de não nos colocarmos acima dos outros e de nos alegrarmos com as alegrias dos outros. Enquanto reza, pense: em que momentos e ocasiões corro o risco de despertar nos outros inveja sobre minha vida? Em quais momentos me senti triste com as alegrias dos outros?

4º Mistério
A serenidade e a paciência de Nosso Senhor

No quarto mistério, contemplamos Nosso Senhor diante de seus inimigos. Jesus sabe que seus inimigos não sabem o que fazem. A sabedoria de Jesus lhe dá serenidade e paciência. Jesus nos chama ao silêncio e à reflexão para não cairmos nas armadilhas dos inimigos, mas frequentemente somos precipitados e não cuidamos das palavras que proferimos. Neste mistério, pedimos a graça de saber nos calar e refletir nos momentos de confronto com nossos inimigos, de não perder a paz e ter paciência. Enquanto reza, pense: quantas vezes fui precipitado e, por falar sem pensar, acabei caindo em armadilhas?

5º Mistério
O perdão de Jesus na Cruz

No quinto mistério, contemplamos as palavras de Jesus pregado na Cruz: Pai, perdoa-lhes, porque não sabem o que fazem. Neste mistério, somos chamados a pedir a Deus a imensa caridade de Cristo por seus inimigos. Que o perdão de Jesus por nós ajude-nos a sermos misericordiosos com nossos inimigos. Neste mistério, pedimos a graça de perdoar os que nos fazem mal. Enquanto reza, pense: quantas vezes precisei do perdão de Deus e de outras pessoas para prosseguir minha caminhada? A quem devo oferecer também meu perdão?

Capítulo XI
Uma novena para os tempos de adversidade

A paz e a serenidade não estão na última página desta novena. Não prometemos o que não nos cabe entregar. Mas este roteiro foi preparado para que sua meditação e oração possam ser enriquecidas com o patrimônio de importantes Salmos e passagens do Evangelho que o ajudarão a compreender melhor sua situação, o que esperar de Deus e como enfrentar as adversidades com mais serenidade.

A paz é um pacote imenso das bênçãos de Deus. Ela é dom, e não item final de um roteiro. Entretanto, o roteiro pretende despertar em quem o lê as condições para experimentar essa paz que o Senhor ressuscitado dá a seus discípulos, que estão cheios de medo, com as portas fechadas (João 20,19ss).

O roteiro é simples: ler e meditar a Palavra de Deus, refletir sobre alguns pontos e rezar. Pode ser uma novena de nove dias ou semanas, depende das suas intenções no momento.

PRIMEIRO DIA

Jesus está no barco da minha vida.
Quem é como ele?

Salmo 113(112)

Aleluia!
Louvai, servos de Iahweh,
louvai o nome de Iahweh!
Seja bendito o nome de Iahweh,
desde agora e para sempre;
do nascer do sol até o poente,
seja louvado o nome de Iahweh!
Elevado sobre os povos todos é Iahweh,
sua glória está acima do céu!
Quem é como Iahweh nosso Deus?
Ele se eleva para sentar-se,
e se abaixa para olhar pelo céu e pela terra.
Ele ergue o fraco da poeira
e tira o indigente do lixo,
fazendo-o sentar-se com os nobres,
ao lado dos nobres do seu povo;
faz a estéril sentar-se em sua casa,
como alegre mãe com seus filhos.

Boa Notícia de hoje: Marcos 4,35-41

"E disse-lhes naquele dia quando chegou a tarde: Passemos para a outra margem. Deixando a multidão, eles o levaram, do modo como estava, no barco; e com ele havia outros barcos. Sobreveio então uma tempestade de vento, e as ondas se jogavam para dentro do barco e o barco já estava se enchendo. Ele estava na popa, dormindo sobre o travesseiro. Eles o acordam e dizem: Mestre, não te importa que pereçamos? Levantando, conjurou severamente o vento e disse ao mar: Silêncio! Quieto! Logo o vento serenou, e houve grande bonança. Depois, perguntou: Por que tendes medo? Ainda não tendes fé? Então ficaram com muito medo e diziam uns aos outros: Quem é esse a quem até o vento e o mar obedecem?"

Pontos para meditar

Pensar na vida como o barco do Evangelho. Pensar nas dificuldades como as ondas e os ventos que perturbam o equilíbrio do barco/vida.

Reconheço que Jesus faz parte desse barco? Ou me sinto sozinho?

Sabendo que Jesus acalma o mar, pedir a ele que acalme o mar da sua vida.

Repetir com o salmista: "Quem é como nosso Deus?".

Começar rezando assim...

Senhor, ergue-me do pó,
tira-me desta situação turbulenta
em que me encontro.
Sei que te importa comigo!
Que o meu medo não seja
maior que minha fé, Senhor.
Olha minha situação, minha angústia...
Acalma, Senhor, a tribulação,
o mar e tudo que me apavora.
Quem é como o Senhor?...

Rezar 1 Pai-Nosso, 3 Ave-Marias e 1 Glória.

SEGUNDO DIA

*Jesus é meu abrigo.
Durante a noite, invoco o Senhor!*

Salmo 91(90),1-3.5-6.15-16

Quem habita na proteção do Altíssimo
pernoita à sombra de Shaddai,
dizendo a Iahweh:
"Meu abrigo, minha fortaleza,
meu Deus em quem confio!"
É ele quem te livra do laço do caçador
que se ocupa em destruir.
Não temerás o terror da noite
nem a flecha que voa de dia,
nem a peste que caminha na treva,
nem a epidemia que devasta ao meio-dia.
Ele me invocará e eu responderei:
"Na angústia estarei com ele,
livrá-lo-ei e o glorificarei;
saciá-lo-ei com longos dias
e lhe mostrarei minha salvação".

Boa Notícia de hoje:
Mateus 5,11-12

> "Felizes sois, quando vos injuriarem e vos perseguirem e, mentindo, disserem todo tipo de mal contra vós por causa de mim. Alegrai-vos e regozijai-vos, porque será grande a vossa recompensa nos céus, pois foi assim que perseguiram os profetas que vieram antes de vós."

Pontos para meditar

A noite sinaliza a solidão, o abandono, a situação de medo. Quando estamos doentes, à noite nossos piores sintomas aparecem, e nos damos conta de estarmos sozinhos e do quanto nosso dia pode não ter sido bom. Pode-se perder a paz durante a noite.

O salmista sabe que aquele que confia no Altíssimo não teme o terror da noite nem os ataques de seus inimigos. Ele invoca o Senhor e o Senhor se faz presente com ele para livrá-lo e glorificá-lo.

Ao mesmo tempo, é preciso questionar-se: de onde vem meu sofrimento? Do meu pecado? Das minhas más escolhas? Ou da minha infidelidade a Deus?

Começar rezando assim...

Senhor,
ao anoitecer e quando estiver sozinho,
escuta minha invocação e fica comigo.
Que eu não tema a noite nem a solidão!
Na perseguição, me purifica e
me liberta daquilo que não serve para te servir.
O Senhor é meu abrigo!
Eu te invoco: fica comigo!

Rezar 1 Pai-Nosso, 3 Ave-Marias e 1 Glória.

TERCEIRO DIA

Jesus caminha sobre o mar.
Senhor, salva-me!

Salmo 70(69)

Vem livrar-me, ó Deus!
Iahweh, vem depressa em meu socorro!
Fiquem envergonhados e confundidos
os que buscam minha vida!
Recuem e fiquem atrapalhados
os que desejam minha desgraça!
Recuem, cobertos de vergonha,
os que riem de mim!
Exultarão e se alegrarão em ti todos
os que te procuram;
os que amam tua salvação repetirão sempre:
"Deus é grande!"
Quanto a mim, sou pobre e indigente:
ó Deus, vem depressa!
Tu és meu auxílio e salvação:
Iahweh, não demores!

Boa Notícia de hoje:
Mateus 14,22-33

"Logo em seguida, forçou os discípulos a embarcar e aguardá-lo na outra margem, até que ele despedisse as multidões. Tendo-as despedido, subiu ao monte, a fim de orar a sós. Ao chegar a tarde, estava ali, sozinho. O barco, porém, já estava a uma distância de muitos estádios da terra, agitado pelas ondas, pois o vento era contrário. Na quarta vigília da noite, ele dirigiu-se a eles, caminhando sobre o mar. Os discípulos, porém, vendo que caminhava sobre o mar, ficaram atemorizados e diziam: É um fantasma! E gritaram de medo. Mas Jesus lhes disse logo: Tende confiança, sou eu, não tenhais medo. Pedro, interpelando-o, disse: Senhor, se és tu, manda que eu vá ao teu encontro sobre as águas. E Jesus respondeu: Vem. Descendo do barco, Pedro caminhou sobre as águas e foi ao encontro de Jesus. Mas, sentindo o vento, ficou com medo e, começando a afundar, gritou: Senhor, salva-me! Jesus estendeu a mão prontamente e o segurou, repreendendo-o: Homem fraco na fé, por que duvidaste? Assim que subiram ao barco, o vento amainou. Os que estavam no barco prostraram-se diante dele dizendo: Verdadeiramente, tu és o Filho de Deus!"

Pontos para meditar

O Senhor vem em nosso socorro! – eis uma certeza do salmista. Que ele não demore...

Pensar em Deus como auxílio e salvação. Somente ele nos salva. O Senhor, como vimos, não apenas acalma o mar como também nos faz caminhar sobre ele. Porém, não podemos ser fracos na fé, para não imaginarmos que estamos afundando e nos desesperarmos.

Começar rezando assim...

Senhor,
ajuda-me a caminhar
sobre o mar que me assusta.
Dá-me fé e coragem.
O Senhor é meu auxílio,
que eu experimente a tua bondade...

Rezar 1 Pai-Nosso, 3 Ave-Marias e 1 Glória.

QUARTO DIA

*Jesus é minha segurança.
Em que apoio minha vida?*

Salmo 49(48),6-14

Por que temerei nos dias maus,
quando a maldade me persegue e envolve?
Eles confiam na sua fortuna
e se gloriam de sua imensa riqueza.
Mas o homem não pode comprar seu resgate,
nem pagar a Deus seu preço:
o resgate de sua vida é tão caro que seria
sempre insuficiente para o homem sobreviver,
sem nunca ver a cova.
Ora, ele vê os sábios morrerem e
o imbecil perecer com o insensato,
deixando sua riqueza para outros.
Seus túmulos são para sempre suas casas,
suas moradias de geração em geração;
e eles davam o próprio nome às suas terras...
Mas o homem com seu luxo não entende,
é semelhante ao animal mudo...
E assim caminham seguros de si mesmos,
e terminam contentes com sua sorte.

Boa Notícia de hoje: Mateus 11,25-27

> "Por esse tempo, pôs-se Jesus a dizer: Eu te louvo, ó Pai, Senhor do céu e da terra, porque ocultaste estas coisas aos sábios e doutores, e as revelaste aos pequeninos. Sim, Pai, porque assim foi do teu agrado. Tudo me foi entregue por meu pai, e ninguém conhece o Filho senão o Pai, e ninguém conhece o Pai senão o Filho e aquele a quem ele quiser revelar."

Pontos para meditar

O ser humano pode se enganar com falsas seguranças. O dinheiro, o poder, as relações e muitas outras coisas podem servir muito bem à vida das pessoas, mas também podem iludi-las.

As falsas seguranças nos infantilizam, como crianças que se escondem debaixo do cobertor para se proteger de fantasmas e monstros... Quais são minhas falsas seguranças? Se aprender a reconhecê-las, o Senhor me dará sabedoria. Caso contrário, ainda que forte, serei como um animal mudo que não percebe sua condição, desconhece sua sorte.

Começar rezando assim...

Senhor,
seja o apoio da minha vida.
Abre meus olhos para não confiar
em nada fora de ti.
Somente o Senhor é minha segurança,
proteção e auxílio.
Que eu não me engane!
Revela a mim, Senhor,
as coisas que escondes aos soberbos.

Rezar 1 Pai-Nosso, 3 Ave-Marias e 1 Glória.

QUINTO DIA

Jesus se manifesta na tribulação.
Por que temer as más notícias?

Salmo 112(111),1-4.7-8.10

Aleluia!
Feliz o homem que teme a Iahweh
e se compraz em seus mandamentos!
Sua descendência será poderosa na terra,
a descendência dos retos será abençoada.
Na sua casa há abundância e riqueza,
sua justiça permanece para sempre.
Ele brilha na treva,
como luz para os retos,
ele é piedade, compaixão e justiça.
Ele nunca teme as más notícias:
seu coração é firme, confiante em Iahweh;
seu coração está seguro, nada teme,
ele se confronta com seus opressores.
O ímpio olha e se desgosta,
range os dentes e definha.
A ambição dos ímpios fracassará.

Boa Notícia de hoje: Marcos 13,24-27

"Naqueles dias, porém, depois daquela tribulação, o sol escurecerá, a lua não dará sua claridade, as estrelas estarão caindo do céu, e os poderes que estão nos céus serão abalados. E verão o Filho do Homem vindo entre nuvens com grande poder e glória. Então ele enviará os anjos e reunirá seus eleitos, dos quatro ventos da extremidade da terra à extremidade do céu."

Pontos para meditar

O mundo é cheio de notícias. Boas e más. As boas são ignoradas, minimizadas e frequentemente colocadas em dúvida.

As más notícias reinam nas redes sociais. Quanto pior for, mais verdadeira parece... Com as más notícias, nossos inimigos tentam nos empurrar ao desespero, querem nos fazer acreditar que tudo está perdido.

A fé nos faz entender: quanto pior a situação, aí está o Senhor! Por isso, mesmo que tudo pareça perdido, devo fazer o bem, devo confiar e não fazer acordo com o mau.

Começar rezando assim...

Senhor,
que tua Palavra seja minha alegria.
Que eu procure todos os dias a Boa Notícia!
Quero somente o que o Senhor tem para me dizer.
Faça que meu coração fique firme,
confiante em ti.
Quando tudo parecer fora do controle ou perdido,
que eu sinta a tua presença para me salvar.
Livra-me do mal do desespero!...

Rezar 1 Pai-Nosso, 3 Ave-Marias e 1 Glória.

SEXTO DIA

Jesus me dá o que preciso.
Pedi e vos será dado!

Salmo 127(126)

Se Iahweh não constrói a casa,
em vão labutam os construtores;
se Iahweh não guarda a cidade,
em vão vigiam os guardas.
É inútil que madrugueis,
e que atraseis o vosso deitar para
comer o pão com duros trabalhos:
ao seu amado ele o dá enquanto dorme!
Sim, os filhos são a herança de Iahweh,
é um salário o fruto do ventre!
Como flechas na mão do guerreiro
são os filhos da juventude.
Feliz o homem que encheu sua aljava com elas:
não ficará envergonhado diante das portas,
ao litigar com seus inimigos.

Boa Notícia de hoje:
Mateus 7,7-11

"Pedi e vos será dado; buscai e achareis; batei e vos será aberto; pois todo o que pede recebe; o que busca acha e ao que bate se lhe abrirá. Quem dentre vós dará uma pedra a seu filho, se este lhe pedir pão? Ou lhe dará uma cobra, se este lhe pedir peixe? Ora, se vós que sois maus sabeis dar boas dádivas aos vossos filhos, quanto mais vosso Pai que está no céu dará coisas boas aos que lhe pedem!"

Pontos para meditar

Onde está minha força: no Senhor ou em mim mesmo? Esgoto-me pensando, planejando ou ruminando situações que não dependem de mim?

Deixo Deus construir minha vida ou, como diz o salmista, labuto em vão? Reconheço que, antes de todo esforço, devo estar em comunhão com o Senhor?

Confio que Deus é um Pai bom e amoroso? Duvido das suas intenções comigo? Peço o que preciso com confiança de que ele conduzirá as coisas do melhor modo?

Começar rezando assim...

Senhor,
eu creio, mas aumenta minha fé.
Ajuda-me a ver a bondade do Pai
e não duvidar que ele me conduz por onde ele quer.
Que eu não me fatigue em vão...
Que eu colabore com a graça,
nunca queira substituir a graça!
Pai do Céu, dá-me as coisas que preciso.
Acalma meu coração e me ajuda a confiar em ti...

Rezar 1 Pai-Nosso, 3 Ave-Marias e 1 Glória.

SÉTIMO DIA

*Jesus é o rei da terra inteira.
Buscar em primeiro lugar o Senhor!*

Salmo 47(46),2-6.9-10

Povos todos, batei palmas,
aclamai a Deus com gritos alegres!
Pois Iahweh, o Altíssimo é terrível,
é o grande rei sobre a terra inteira.
Ele põe as nações sob o nosso poder,
põe-nos os povos debaixo dos pés.
Escolheu para nós nossa herança,
o orgulho de Jacó, a quem ele ama.
Deus sobe por entre ovações,
Iahweh, ao clamor da trombeta.
Deus é rei acima das nações,
senta-se Deus em seu trono sagrado.
Os príncipes dos povos se aliam
com o povo do Deus de Abraão,
pois os escudos da terra são de Deus,
e ele subiu ao mais alto.

Boa Notícia de hoje:
Mateus 6,33-34

"Buscai, em primeiro lugar, o Reino de Deus e sua justiça, e todas essas coisas vos serão acrescentadas. Não vos preocupeis, portanto, com o dia de amanhã, pois o dia de amanhã se preocupará consigo mesmo. A cada dia basta o seu mal."

Pontos para meditar

O Senhor reina! A história mostra isso: os poderes se desfazem, os impérios caem e os "grandes deste mundo" se desmancham como o pó. Deus conduz tudo e aqueles que ele sustenta permanecem.

Todas as nações, todas as glórias do mundo, tudo isso Deus coloca sob seus pés. Mas os escudos da terra são de Deus. Deus está acima de tudo! Confio nisso?

Pensar o quanto tudo que parece forte e inabalável, sem Deus, perde-se. Como diria Santa Teresa: tudo passa, só Deus basta! Por isso, a única preocupação da pessoa deve ser buscar a Deus, amá-lo e servi-lo.

Começar rezando assim...

Senhor,
és o Rei dos reis e Senhor dos senhores!
Tudo está sob teu comando,
nada escapa do teu poder.
Que eu busque a ti, o teu Reino
e a tua vontade em minha vida.
Senhor, que a minha prioridade,
minha principal preocupação
e meu primeiro pensamento
ao acordar seja te amar e servir...

Rezar 1 Pai-Nosso, 3 Ave-Marias e 1 Glória.

OITAVO DIA

Jesus nos dá seus talentos.
Que eu não esconda meus talentos!

Salmo 96(95),1-5.10.12-13

Cantai a Iahweh um cântico novo!
Terra inteira, cantai a Iahweh!
Cantai a Iahweh, bendizei o seu nome!
Proclamai sua salvação, dia após dia,
anunciai sua glória por entre as nações,
pelos povos todos as suas maravilhas!
Pois Iahweh é grande, e muito louvável,
mais terrível que todos os deuses!
Os deuses dos povos são todos vazios.
Dizei entre as nações: "Iahweh é Rei!
O mundo está firme, jamais tremerá.
Ele governa os povos com retidão".
Que o campo exulte, e o que nele existe!
As árvores da selva gritem de alegria,
diante de Iahweh, pois ele vem,
pois ele vem para julgar a terra:
ele julgará o mundo com justiça,
e as nações com sua verdade.

Boa Notícia de hoje:
Mateus 25,14-15.27-30

"[Então o Reino dos Céus] será como um homem que, viajando para o estrangeiro, chamou seus servos e entregou-lhes seus bens. A um deu cinco talentos, a outro dois, a outro um. A cada um de acordo com sua capacidade. [...] Pois então devias ter depositado o meu dinheiro com os banqueiros e, ao voltar, receberia com juros o que é meu. Tirai-lhe o talento que tem e dai-o àquele que tem dez, porque a todo aquele que tem será dado e terá em abundância, mas daquele que não tem, até o que tem lhe será tirado. Quanto ao servo inútil, lançai-o fora, nas trevas. Ali haverá choro e ranger de dentes!"

Pontos para meditar

Preciso de mais provas de que tudo está sob o poder de Deus? Aprendi a reconhecer a presença dele no meio dos tumultos, no meio das más notícias? Ou sempre me desespero como se fosse a primeira vez?

Que devo fazer se tudo parecer fugir do controle ou perdido? O Evangelho me responde: trabalhar meus talentos. Enquanto o mundo gira, o cristão se vira, mas permanece fiel. Fidelidade significa fazer o que devo fazer, mesmo se tudo parece me pedir o contrário.

Esperar condições favoráveis para fazer o certo? O cristão trabalha seu talento mesmo nas condições mais desfavoráveis. Enquanto o mundo gira na sua loucura, o cristão trabalha seu talento. Só isso.

Começar rezando assim...

Senhor,
te louvo pela minha vida:
eis o grande talento que me deste.
Que ela seja para teu louvor e serviço.
Hoje. Agora.
Não quero esperar as condições favoráveis,
mas hoje, como posso,
quero que minha vida seja sinal da tua presença.
Que minha vida proclame ao mundo a tua salvação...

Rezar 1 Pai-Nosso, 3 Ave-Marias e 1 Glória.

NONO DIA

Jesus tem todo poder.
Faça tua justiça, Senhor!

Salmo 135(134),1-4.8-9.13-14

Aleluia!
Louvai o nome de Iahweh,
louvai, servos de Iahweh,
nos átrios da casa do nosso Deus.
Louvai a Iahweh, pois Iahweh é bom,
tocai seu nome, pois ele é agradável.
Pois Iahweh escolheu Jacó para si,
fez de Israel seu bem próprio.
Ele feriu os primogênitos do Egito,
desde o homem até aos animais.
Enviou sinais e prodígios
– no meio de ti, ó Egito –
contra Faraó e todos os seus ministros.
Iahweh, teu nome é para sempre!
Iahweh, tua lembrança repassa
de geração em geração.
Porque Iahweh faz justiça ao seu povo
e se compadece dos seus servos.

Boa Notícia de hoje: Mateus 28,16-20

"Os onze discípulos caminharam para a Galileia, à montanha que Jesus lhes determinara. Ao vê-lo, prostraram-se diante dele. Alguns, porém, duvidaram. Jesus, aproximando-se deles, falou: Todo poder me foi dado no céu e sobre a terra. Ide, portanto, e fazei que todas as nações se tornem discípulos, batizando-os em nome do Pai, do Filho e do Espírito Santo e ensinando-as a observar tudo quanto vos ordenei. E eis que estou convosco todos os dias, até a consumação dos séculos."

Pontos para meditar

Aquele que venceu a injustiça dos homens, o abandono dos amigos, a dor, a solidão, o pecado e a morte têm o poder sobre o céu e a terra. O que enfrentamos que possa ser mais do que tudo que ele enfrentou por nós? Ele venceu. Quem estiver unido a ele também vencerá.

Contudo, enquanto estamos nas lutas, nas batalhas, nossa missão é anunciar a fé, proclamar sua presença. É como se estivéssemos em um grande jogo de futebol e nosso time vai vencer, mas nossa vitória espelha o modo como nos empenhamos, como jogamos. Há jogadores no time que vence que jogaram como se fossem para a derrota.

O Senhor faz justiça. No tempo dele. Do modo dele. Enquanto não entendo, enquanto não percebo, minha missão é anunciar a fé, porque ele estará comigo sempre.

Começar rezando assim...

Senhor,
venceste o mal: a injustiça, o abandono,
a vergonha, a dor, o pecado e a morte.
O que pode se opor a ti?
Louvo-te pela tua vitória, pelo teu amor!
Coloca-me em marcha, Senhor.
Que cada dia da minha vida
eu proclame teu amor e tua salvação...

Rezar 1 Pai-Nosso, 3 Ave-Marias e 1 Glória.

Rua Dona Inácia Uchoa, 62
04110-020 – São Paulo – SP (Brasil)
Tel.: (11) 2125-3500
http://www.paulinas.com.br – editora@paulinas.com.br
Telemarketing e SAC: 0800-7010081